Sara Aramburu Rodríguez

APULEYO EDICIONES   FOMENTO DE VALORES   CUENTOS ILUSTRADOS

¿DÓNDE ESTÁ MI VASO DE AGUA?

APULEYO EDICIONES   FOMENTO DE VALORES   CUENTOS ILUSTRADOS

Manuel acaba de cumplir tres años, es un niño curioso y alegre al que le encanta pasar tiempo con sus padres, sus abuelos y sus primos. Ya está en el cole de mayores y su profe Javi dice que es un niño muy divertido, con ganas de aprender y de jugar con sus compañeros y compañeras. Disfruta mucho en el patio o en el parque. Cualquier deporte le sirve para pasar el rato y la música le apasiona.

Vive con sus padres en un piso precioso. Su habitación está llena de juguetes, peluches y cuentos, ¡muchos cuentos! Las paredes son del color de la arena de la playa, decoradas con fotos familiares y pósters de animales. Del techo sobresalen unas estrellas que además brillan en la oscuridad.

Cuando están en casa, Manu puede pasar horas y horas imaginando historias en su habitación: que es un escalador, un astronauta, un investigador, un cocinero, guitarrista en una banda de rock, un bailarín... La habitación perfecta para jugar y soñar.

Sin embargo, por la noche..., Manuel no es capaz de dormir sin la compañía de sus padres.

¿Qué ocurre en la habitación de Manu?

Son las 20:30 de la tarde y en casa de nuestro amigo comienza la rutina para irse a dormir: lavarse los dientes, un pis, un cuento con papá (siempre escoge aquellos que cuentan historias de verdad, de pequeños superhéroes y superheroínas, que con su esfuerzo consiguen superarse a sí mismos), de seguido toca el beso de buenas noches, que suele ser más de uno porque, como dice su madre: «Tienes unos mofletes tan achuchables»; y que no falte el vaso de agua siempre en la mesilla, para Manu es como una pócima mágica y secreta. Termina por acurrucarse en los brazos de su madre, ¡esos brazos son tan seguros! Y con el firme deseo de tener dulces sueños, en unos minutos cae rendido.

Pero en la cama de Manuel no hay sitio para todos, él está muy mayor y los quehaceres del día a día a veces dificultan que sus padres se queden allí hasta que él se duerma y él durante el día se siente valiente para dormir solo, quiere hacerlo, pero al llegar el momento…

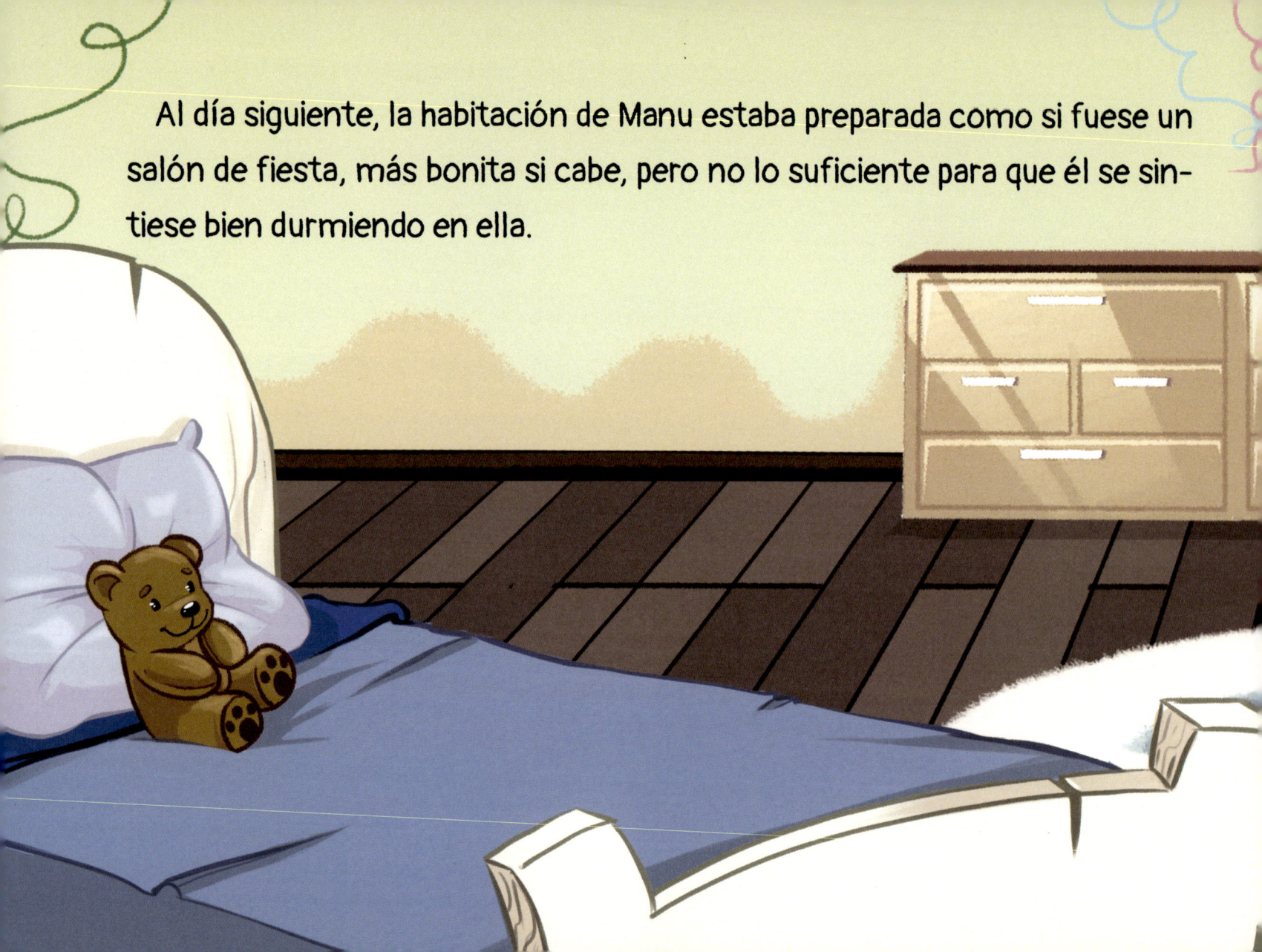

Al día siguiente, la habitación de Manu estaba preparada como si fuese un salón de fiesta, más bonita si cabe, pero no lo suficiente para que él se sintiese bien durmiendo en ella.

Sin saber muy bien qué hacer, Mario y Ana, los padres de Manuel, le pidieron consejo a su pediatra Verónica durante una revisión rutinaria. Verónica recomendó: «¡mucha paciencia y mucho amor! Je, je, je.»

Cuando nos encontramos mal o nos duele algo, lo sabemos decir muy bien y así nuestro pediatra nos ayuda a curarnos. Pero cuando aquello que nos duele está tan dentro de nosotros que nos cuesta sacarlo y no lo podemos decir con claridad, ¡el amor y comprensión de nuestros familiares es muy importante! Y si con esto no llega, hay otros profesionales parecidos a los médicos que nos pueden ayudar muy bien.

Ana y Mario ayudaron a su hijo, a ver si juntos podían sacar ese miedo o preocupación por dormir solo en su habitación. Pero ellos también necesitaban ayuda para ayudar, je, je, je. ¡Qué lío! Pero es que es verdad, ¡¡los mayores no lo saben todo!! (Esto es un secreto entre nosotros, ¡eh!).

Así que hablaron con una psicóloga; es una persona que te ayuda cuando tú no eres capaz de encontrar soluciones a tus problemillas. Juntos los tres fueron a hacerle una visita.

—Manu es un niño genial que quiere dormir solo en su habitación, pero no es capaz, tiene miedo.

—¡Conozco tus miedos, Manu! Y tengo muchos trucos para ayudarte a quitarlos de tu cabeza, ya que los miedos solo están ahí —dijo Patricia, la psicóloga.

—Cada día iremos trabajando un miedo diferente. ¿Cuál es tu miedo más grande? —preguntó Patricia.

—Que mis padres no estén...

—Para que esa sensación de soledad se vaya, tienes que estar seguro de que tus padres acudirán si lo necesitas. Lo que tienes que hacer es prepararte tú solo y cuando ya estés acostado en la cama, pídele un día a tu madre y otro a tu padre que te lleven ese vaso de agua que es tan mágico para ti. Ese vaso de agua es la seguridad de que tus padres están en casa contigo y que están si los necesitas.

Y así fue el primer truco que emplearon.

En la siguiente consulta con Patri...

—¡Hola, Patricia!

Todo había ido bastante bien, aunque algún día costase un poquito más.

—Paciencia —les dijo—, esto no es inmediato. No es como tomar un jarabe, lleva algo más de tiempo, pero ¡lo estáis haciendo genial! Manu, ¿cómo te encuentras durmiendo tú solito?

—Bien, pero hay días que no quiero... Y ¿si viene alguien?

—No hay nadie que pueda ir más que tus padres, pero para que tú estés convencido, la siguiente actividad que os pongo será: ¡ser detectives!

—¡Sííí, qué divertido!

—Antes de meterte en la cama, revisa que las puertas estén cerradas, puedes ir investigando por tu habitación, incluso, debajo de tu cama, para que no haya nadie. Puede ser divertido que te ayudes con una pequeña lupa con luz para tus labores de detective. Harás un gran trabajo y así resolverás tu caso: en esa habitación no habrá nadie y nadie más que tus padres podrán entrar.

Semanas más tarde...

—Buenas tardes, familia, contadme el avance de Manuel.

—Estamos muy contentos, Manu se está esforzando mucho, aunque hay días que le cuesta mucho más, especialmente por el miedo o la sensación de estar solo.

—Perfecto. Abordaremos ese tema con una nueva estrategia.

Mientras Manu dibujaba tranquilamente, Patricia se puso a charlar con él. Le propuso jugar a ser veterinario.

—Manu, puedes crear tu propia mascota para que te acompañe. Puede ser como tú quieras, imaginarte que es suave y segura como los brazos de tu madre o grande y áspera como la barba de tu padre. Serás su veterinario porque tú también tendrás que cuidar de ella.

—¡Voy a inventar la mejor mascota del mundo!

—No te olvides de presentármela el próximo día.

¡Y así, Mario, Ana y Manuel se pusieron manos a la obra con un nuevo reto!

Había días que no necesitaban jugar a detectives, pero el vaso de agua sí se lo seguían llevando.

Su pediatra, Verónica, y su profe, Javi, también se percataron de que Manu se mostraba más seguro y decidido, pues Patricia le estaba ayudando a crecer, superando sus miedos, no solo el sentimiento de soledad o el miedo a que hubiese alguien en la habitación, también le dio pequeños trucos para superar... ¡el miedo a la oscuridad!

Lo superaría jugando a oscuras y viendo lo divertido que puede llegar a ser.

¡El miedo a las pesadillas! Patricia, en cada consulta, le preguntaba a Manuel si había tenido algún sueño o pesadilla y qué pasaba en ellas.

Algún día le contó que había soñado con algún animal y ella le aconsejó que, antes de echarse a dormir, se imaginase que él era un veterinario de nuevo porque sabía tratar a todos los animales.

Así, a través del juego, Manu iría perdiendo todos los miedos que tenía.

¡Miedo a los ruidos! Diferenciar los ruidos y reconocerlos le ayudaría mucho, incluso poner alguna noche música relajante podría servir.

Poco a poco, con paciencia y mucho esfuerzo, el pequeño Manu fue perdiendo el miedo y recobrando seguridad y confianza.

Estaba contento y se sentía feliz de poder ir solo a su cama. Se sentía un niño mayor y valiente; no por no tener miedo, valiente por tenerlo y superarlo.

Ana y Mario, los padres de Manu, sentían que habían hecho mucho más por su hijo que ayudarlo a dormir solo. Le ayudaron a dormir sin miedo.

Fue un gran aprendizaje que llevaron a cabo todos juntos. Porque los mayores que no lo saben todo... también tienen sus miedos y preocupaciones, y también necesitan ayuda; está claro que juntos las cosas siempre se resuelven mejor.

Ahora, Manu, con los trucos de Patri, su propio esfuerzo y el amor de sus padres, a veces toca la luna y pone las estrellas en orden; otras cura animales salvajes o los rescata de lugares insólitos; otras veces, con los ruidos, se inventa una canción y siempre siempre se echa tranquilo a dormir en su habitación. Y a veces, bueno, eso siempre, le apetece acurrucarse en los brazos de su madre, que su padre le lea un cuento y le den el más grande y bonito de todos los besos.

Y ahora sí, ¡todos a dormir!

Felices y dulces sueños.

© Sara Aramburu Rodríguez (de la obra)
©Apuleyo Ediciones (de esta edición)
Primera edición en Apuleyo Ediciones: septiembre 2024
Diseño de cubierta: Ernesto Pérez Martínez
Corrección: Aitor Andreu Guerrero
Maquetación: Sofía Corzo González
Ilustraciones: Lidiane Miranda

Coordinación editorial: Isidoro Cidre González
info@apuleyoediciones.com
www.apuleyoediciones.com
ISBN: 978-84-1060-259-5
Depósito legal: H 346-2024

Hecho e impreso en España.

Sara Aramburu Rodríguez

APULEYO EDICIONES   FOMENTO DE VALORES   CUENTOS ILUSTRADOS

¿DÓNDE ESTÁ MI VASO DE AGUA?

APULEYO EDICIONES   FOMENTO DE VALORES   CUENTOS ILUSTRADOS